GUIDE PRATIQUE

POUR

LES ÉLECTIONS LÉGISLATIVES & MUNICIPALES

A L'USAGE DES ÉLECTEURS
ET DES BUREAUX DE VOTE

Contenant les droits des Électeurs, un tableau complet des incapacités édictées par le décret organique du 2 février 1852, sur les élections des Députés et des Lois.

PAR

François BERGE

SUBSTITUT DU PROCUREUR DE LA RÉPUBLIQUE

A PRADES (*Pyrénées-Orientales*)

Prix : 75 centimes

DEUXIÈME ÉDITION

EN VENTE : Chez tous les LIBRAIRES

Dépôt au RÉVEIL COMMERCIAL

3, rue Romiguières, TOULOUSE

...RIE SPÉCIALE DU *Réveil Commercial*

2, Place de la Colombette, 2

TOULOUSE

1892

Le Réveil Commercial

JOURNAL HEBDOMADAIRE

Administration, 3, rue Romiguières

TOULOUSE

Le *Réveil Commercial,* organe répandu dans quatorze départements du Midi, publie chaque semaine une série d'articles concernant le Commerce, l'Industrie, l'Agriculture, l'Elevage, le Sport.

Il donne avec exactitude : Itinéraire des Comités de Remonte, engagements et comptes-rendus des Courses, Foires et Marchés, Mercuriales, Informations diverses, Ventes et Achats, etc.

La Publicité du *Réveil Commercial* est spécialement recommandée aux Commerçants et Industriels désireux de faire connaître, à peu de frais leurs produits dans tout le midi de la France.

ABONNEMENT :

10 Francs par An.

PREMIÈRE PARTIE

AVANT LE SCRUTIN

I

NOMINATION DES PRÉSIDENTS

1° **Texte de la loi**. — Le mode de nomination des présidents de bureaux de vote, a été réglé par l'article 17, de la loi du 5 avril 1884, ainsi conçu :

ART. 17. — *Les bureaux de vote sont présidés par le maire, les adjoints, les conseillers municipaux, dans l'ordre du tableau, et en cas d'empêchement, par des électeurs désignés par le maire.*

2° **But du législateur**. — Par les dispositions de cet article, le législateur a eu pour but d'assurer et de faciliter le bon fonctionnement des opérations électorales. C'est à cette idée que répond la dernière partie de l'article 17 : « par des électeurs désignés par le maire. »

Si la présidence des bureaux de vote avait été réservée exclusivement au maire et aux conseillers municipaux, il n'eût pas été possible dans bien des cas, d'y pourvoir. Il y a des communes, en effet, qui par l'étendue de leur territoire, ou l'importance de leur population, nécessitent une division en plusieurs bureaux, dont le nombre dans quelques villes, est égal et parfois supérieur à celui des conseillers municipaux.

D'un autre côté, il a fallu prévoir le cas, où, pour des raisons d'hostilité politique ou personnelle, plusieurs membres du conseil municipal, refuseraient la délégation du maire. De ce refus, aurait pu résulter l'impossibilité pour ce dernier, de pourvoir à la présidence de tous les bureaux de vote ; par suite, l'exercice des droits électoraux eût pu être paralysé, pour un grand nombre d'électeurs.

3° **Pluralité de bureaux de vote**. — Il ne faut pas confondre la division de la commune en plusieurs bureaux de vote, avec le sectionnement dont parlent les article 11 et 12 de la loi du 5 avril 1884. Les sections électorales de l'article 11, ne sont pas appelées à élire les mêmes conseillers, tandis que les bureaux de vote, dont nous nous occupons dans cet ouvrage, concourent à l'élection des mêmes candidats. Le sectionnement de l'article 11, est fait par le conseil général, sur l'initiative, soit d'un de ces membres, soit du préfet, soit du conseil municipal ou d'électeurs de la commune intéressée. Aux termes de l'article 13, la division de la commune en plusieurs bureaux de vote, est faite par un arrêté spécial du préfet, publié dix jours au moins à l'avance. En outre, dans ce dernier cas, la carte électorale délivrée à chaque électeur doit indiquer le lieu où siège le bureau où il devra voter.

En ce qui concerne le délai de dix jours, fixé pour

la publication de cet arrêté, il a été décidé par le Conseil d'État, dans un arrêt du 29 janvier 1886, que l'omission de cette formalité n'entraîne pas la nullité des élections.

4° **Désignation du président**. — Maintenant comment se fait la répartition de ces bureaux de vote ? Le maire peut-il, à son gré, distribuer les bureaux aux conseillers ? Je ne le pense pas. Dans la pratique, le maire choisit pour lui le bureau le plus important et le plus difficile à présider, en vertu de cet adage : *Ubi honor, ibi onus*. Après lui, chaque conseiller appelé dans l'ordre du tableau, a le droit de choisir le bureau de vote qui lui convient.

Il en est autrement des simples citoyens, désignés en cas d'insuffisance des conseillers ; ceux-là n'ont qu'un droit : refuser la délégation dont ils sont l'objet, mais s'ils l'acceptent, ils sont tenus de l'accepter telle qu'elle se produit et présider le bureau qu'il plait au maire de leur indiquer. Toutefois, pour éviter des difficultés et des malentendus, il est convenable que les maires s'entendent au préalable, avec les personnes auxquelles ils ont l'intention de confier des fonctions de cette nature.

Ces délégations sont faites par un arrêté du maire. Lorsque les membres du Conseil municipal, inscrits dans l'ordre du tableau, avant celui qui a été délégué par le maire, pour présider un bureau de vote, se trouvent empêchés ou refusent d'accepter la délégation, cet empêchement ou ce refus doivent-ils être constaté par l'arrêté ? Aucun texte de loi ne le prescrit et le Conseil d'État estime qu'une pareille constatation n'est pas nécessaire. (*Arrêt du 20 novembre 1885.*)

5° Qualités requises pour présider un bureau de vote. — Nous avons vu plus haut, qu'à défaut de conseillers municipaux, le maire pouvait confier la présidence des bureaux de vote à de simples citoyens. Pour ces derniers, la loi n'exige pas d'autre condition que l'inscription sur les listes électorales de la commune. Par suite, il est indifférent que les présidents ainsi désignés, soient ou ne soient pas électeurs au bureau qu'ils président.

Ainsi, les employés salariés ou non des communes et des administrations publiques, les employés de mairie, etc., etc., peuvent-être désignés.

Il est entendu, quoique cela ne soit pas écrit dans la loi, que le président doit savoir lire et écrire. Cette condition sur laquelle je juge inutile d'insister, se trouve cependant exigée par le décret de 1852.

Lorsqu'il n'existe qu'un seul bureau de vote dans la commune, c'est au maire qu'appartient la présidence.

Mais il peut arriver que les élections aient lieu, pour pourvoir au remplacement du conseil municipal tout entier, dont l'élection aurait été annulée. Deux hypothèses peuvent alors se présenter :

1° La désignation du maire a été faite par le conseil muncipal, avant l'annulation des opérations électorales. Dans ce cas, c'est au maire qu'appartient le droit de présider le bureau de vote, par application de l'article 81 de la loi du 5 avril 1884, qui dit que les maires et adjoints continuent l'exercice de leurs fonctions jusqu'à l'installation de leurs successeurs.

Le préfet ne pourrait même pas, alors, désigner un délégué spécial pour présider les opérations du scrutin (*Conseil d'Etat, 19 mars 1886*).

2° Au moment où les élections ont lieu, il n'y a pas de maire, soit qu'il n'ait pas été désigné, soit qu'il ait été révoqué et le préfet, usant du droit que lui donne la loi de 1884, a nommé un délégué pour remplir les fonctions de maire. C'est alors à ce délégué qu'appartient la présidence. (*Conseil d'Etat, 15 janvier 1886.*)

Toutefois, il faut observer que si le délégué qui remplit les fonctions de maire, est pris parmi les conseillers de préfecture, il ne peut présider le bureau de vote, parce que sa situation dans l'administration est de nature à exercer une certaine influence sur les électeurs. (*Même arrêté.*)

6° **Observations générales**. — Les observations que nous venons de présenter sur la façon dont sont désignés les présidents de bureaux de vote, sont applicables aussi bien aux élections municipales qu'aux élections législatives, cantonales et départementales. La loi du 5 avril 1884, n'a fait d'ailleurs qu'emprunter ces dispositions au décret réglementaire

de 1852, dont l'article 13 s'exprime ainsi qu'il suit :
« Les collèges et sections seront présidés par les
maires, adjoints et conseillers municipaux de la commune ; à leur défaut, les présidents seront désignés par
le maire, parmi les électeurs sachant lire et écrire. »

II

LOCAL

Par qui est désigné le local où doivent se faire les
opérations électorales ? Il est nécessaire de faire des
distinctions.

1º **Elections communales.** — Pour les élections communales, la loi du 5 avril 1884, en son article
15, dit expressément que le local où le scrutin sera
ouvert doit être fixé par l'arrêté de convocation du
préfet.

Le refus du maire de procéder à des élections dans
le local désigné par le préfet, constitue un refus d'ac-
complir un acte de ses fonctions. Dans ce cas, l'article
85, de la loi du 5 avril 1884, donne le droit au préfet
de faire présider le bureau par un délégué spécial.

Si le maire ouvre le scrutin dans un local autre
que celui qui a été désigné par le préfet et si le délégué spécial, procède dans ce local à un autre scrutin,
c'est ce dernier qui doit être considéré comme régulièrement ouvert (*Conseil d'Etat, 16 juillet 1886*).

Le local, une fois désigné, le préfet pourrait-il le changer, surtout à la veille des élections ? A mon sens, rien dans la loi ne s'y oppose. Toutefois, si ce changement de local, avait eu une influence sur le vote, l'élection devrait être annulée. (*Conseil d'Etat, 9 janvier 1885, 20 mars 1885.*)

En ce qui concerne les élections municipales, la question du local ne peut donc soulever de sérieuses difficultés, puisque les maires n'ont qu'à se conformer à l'arrêté préfectoral.

Toutefois, si au moment du scrutin, par suite d'un cas de force majeure, les opérations électorales ne pouvaient se faire dans le local désigné, le maire pourrait valablement installer le bureau dans un autre, à la condition qu'il fût facilement accessible au public et que les électeurs aient été mis en mesure de connaître cette détermination.

2° **Elections départementales**. — Pour les élections départementales, (Conseil général d'arrondissement et Chambre des députés) l'article 3, du Décret organique du 2 février 1852, qui règle le mode de procéder en cette matière, dit simplement que les électeurs doivent se réunir au chef-lieu de leur commune.

C'est donc au maire à désigner dans le chef-lieu de la commune, le lieu où se tiendra le bureau de vote. La mairie et, en général, tous les bâtiments municipaux, sont naturellement désignés pour cette opération.

Dans une ville divisée en plusieurs cantons, il peut

arriver que le canton dans lequel a eu lieu l'élection ne soit pas celui sur le territoire duquel se trouve située la mairie. Le maire est-il alors astreint à choisir un local dans le canton que l'élection intéresse ?

La question a été tranchée le 12 novembre 1886, par le Conseil d'Etat, à l'occasion des faits suivants :

Dans la commune de Tartas, le scrutin pour l'élection du conseiller général du canton de Tartas (est) avait été tenu dans la salle de la mairie ; or, la mairie était située sur le territoire du canton de Tartas (ouest). L'élection fut attaquée, mais elle fut validée par le Conseil d'Etat.

Toutefois, il convient d'ajouter que parmi les considérants de l'arrêté, il en est un qui constate que ce fait n'a nui en aucune façon à la régularité des opérations électorales et qu'aucun électeur n'a été empêché de prendre part au vote.

Il résulte de ces observations que, dans le cas où la mairie serait située à un endroit difficilement accessible aux électeurs des autres cantons, les maires agiront prudemment en installant le local du scrutin, sur le territoire du canton où a lieu l'élection.

III

OBJETS DÉPOSÉS SUR LA TABLE DU SCRUTIN

Les observations qui vont suivre sont applicables à toutes les élections, municipales ou départementales.

1º Enumération des objets. — Lorsque le président du bureau de vote prend place au siège de la présidence, il doit trouver sur la table divers objets, dont les uns sont prescrits par la loi, tandis que les autres sont mis à la disposition du bureau, en vertu d'instructions ministérielles.

es objets dont le dépôt est rendu obligatoire par la loi, sont :

1º Une boîte à scrutin ;

2º Une copie de la liste des électeurs.

Ceux dont le dépôt est prescrit par les instructions ministérielles, sont :

1º Des listes d'émargement imprimées ;

2º Des instructions de nature à guider le président et les membres du bureau dans leurs opérations ;

3º Du papier blanc, de l'encre, des plumes, de la cire à cacheter et des envelopes, etc., etc., en quantité suffisante pour le président et les assesseurs.

Nous allons passer en revue, sommairement, chacun de ces objets.

2º Boîte de scrutin. — La boîte du scrutin est généralement en bois et doit mesurer environ 50 centimètres de hauteur, sur 40 centimètres de largeur. Sur le couvercle placé à la partie supérieure de la boîte, se trouve une ouverture, par laquelle sont introduits les bulletins de vote.

Aux termes de l'article 22, du décret règlementaire du 2 février 1852, et de l'article 25 de la loi du 5

avril 1884, cette boîte doit être munie de deux serrures.

Une circulaire ministérielle du 14 mai 1865 prescrit aux préfets d'inviter les maires des communes qui
n'ont pas fait l'acquisition de boîtes de cette nature,
à proposer cette acquisition au conseil municipal.

Le fait de se servir, en guise d'urne, d'un récipient qui n'est pas conforme aux prescriptions légales,
ne suffit pas pour vicier l'élection ; il faut, en outre,
que ce récipient ait été insuffisamment fermé et qu'une
fraude soit alléguée. C'est ce qui résulte de deux arrê-
tés du Conseil d'Etat, en date des 9 janvier 1885 et 23
décembre 1884.

Lorsque deux scrutins ont lieu simultanément,
comme cela arrive d'ordinaire, pour les élections au
Conseil général et d'arrondissement, il est indispensable de se servir de deux urnes pour contenir les bulletins de vote.

On pourrait, à la rigueur, ne se servir que d'une
seule urne, mais à la condition quelle fut divisée en
deux compartiments, ayant deux ouvertures distinctes.
Encore faudrait-il que ce fait n'eût amené aucune
confusion.

C'est ce qui a été décidé par un arrêté du 24 décembre 1886, et malgré toutes les précautions prises,
le Conseil d'État exprime le regret qu'il n'ait pas été
fait usage de deux urnes.

D'ailleurs, il est à souhaiter, que pour les élections
au Conseil général et d'arrondissement, nos législa-

teurs adoptent le scrutin de liste. Cette réforme permettra d'éviter beaucoup d'erreurs qui peuvent être préjudiciables aux candidats. On a vu des candidats au Conseil général, battus à quatre ou cinq voix de différence, alors que trente ou quarante bulletins, portant leurs noms, s'étaient égarés dans l'urne du conseil d'arrondissement.

3° **Copie de la liste électorale**. — L'article 22, de la loi du 5 avril 1884, s'exprime en ses termes : « Pendant toute la durée des opérations, *une copie de la liste des électeurs certifiée par le maire, contenant les noms, domicile, qualification de chacun des inscrits, reste déposée sur la table autour de laquelle siège le bureau.* »

Cette liste des électeurs est destinée à faire connaitre au bureau quelles personnes peuvent voter. Du moment qu'un électeur est inscrit sur cette liste, il doit être admis à voter et le bureau n'a pas à se préoccuper de la situation irrégulière, au point de vue électoral, dans laquelle pourrait se trouver un électeur. Notamment, ainsi que nous le verrons plus loin, le bureau ne pourrait refuser le vote à un électeur, sous le prétexte qu'étant inscrit dans deux communes, il a déjà voté dans une autre. Le président pourrait seulement , s'il constate quelque chose d'anormal dans la situation d'un électeur, en prendre note, pour le signaler ensuite à qui de droit.

Cette liste doit être laissée à la disposition des électeurs du bureau ou de la section, afin qu'ils puissent y puiser tous les renseignements nécessaires.

Lorsque des listes d'émargement ne concordent pas ou que leurs énonciations ne sont pas claires ou sont contestées, le bureau doit recourir à cette copie de la liste électorale et se déterminer d'après ce qu'elle contient.

Le fait qu'une liste officielle des électeurs inscrits n'a pas été déposée sur la table autour de laquelle siège le bureau, est une des plus graves irrégularités qui puissent se rencontrer dans une opération électorale. Il existe bien un arrêté du Conseil d'État, du 16 juillet 1886, qui valide une élection de Valle-d'Orezza (Corse), contre laquelle un pareil grief était articulé ; mais dans l'espèce, la liste des électeurs avait été supprimée par ceux-là même qui protestaient et le Conseil d'État a très juridiquement décidé que personne ne pouvait se faire une arme de sa propre faute.

Il peut se faire que les listes électorales ne présentent pas de garanties suffisantes d'authenticité. Dans ce cas, que doivent faire les membres du bureau ? Ils peuvent demander au Conseil de Préfecture l'annulation des opérations électorales, mais ils excèdent leurs pouvoirs en déclarant qu'il n'y a pas lieu de procéder au scrutin. Sur leur refus de siéger, le président peut valablement appeler d'autres électeurs à constituer le bureau et continuer les opérations. (*Conseil d'Etat*, *7 novembre* 1884).

Les assesseurs chargés d'émarger, doivent avoir soin de ne rien inscrire sur cette copie de la liste électorale. Il arrive fréquemment que des membres du bureau, désignés pour la première fois et peu au courant des opérations électorales, confondent cette liste avec les listes d'émargement dont nous nous occuperons tout à l'heure. Cette confusion peut amener des conséquences fâcheuses.

4° **Listes d'émargement.** — Aux termes de l'article 25 de la loi du 5 avril 1884, et de l'article 23 du décret réglementaire du 2 février 1852, le vote de chaque électeur est constaté sur la liste, en marge de son nom, par la signature ou le paraphe avec initiales de l'un des membres du bureau.

Pour éviter de mettre sur la liste officielle des électeurs, des mentions qui pourraient en vicier la régularité, on met à la disposition des membres du bureau une deuxième copie de cette liste. Cette deuxième copie est divisée en deux, trois, etc., cahiers, suivant le nombre des électeurs et chacun de ces cahiers est remis à l'un des quatre assesseurs. En outre de la nomenclature des électeurs inscrits, ces feuilles contiennent deux colonnes en blanc, dans lesquelles sont inscrits les paraphes destinés à constater les votes, pendant les deux tours de scrutin.

Pour constater les votes, les assesseurs peuvent à leur choix apposer leur signature ou simplement un paraphe avec les initiales.

L'absence d'émargement entraine l'annulation des opérations électorales. (*Conseil d'Etat, 27 juillet 1860*).

Un émargement irrégulier peut être considéré comme valable, à la condition qu'il puisse servir à constater le résultat. (*Conseil d'Etat, 31 mai 1861, 16 mai 1866, 27 février 1885*).

Lorsqu'il y a divergence sur le nombre des suffrages, entre la liste d'émargement et les autres constatations, c'est la liste d'émargement qui fait foi.

A la fin des opérations électorales, le bureau arrête les listes d'émargement et le nombre de ces émargements doit-être constaté en toutes lettres par le président et le secrétaire.

Tout électeur, justifiant de sa qualité, peut, pendant huit jours, prendre connaissance de ces listes, au secrétariat de la mairie.

5° **Instructions diverses**. — Il est d'usage de mettre à la disposition du président, des instructions imprimées, de nature à le guider dans les opérations électorales. Ces instructions, tirées la plus part des instructions ministérielles, sont incomplètes et ne prévoient pas d'ailleurs les cas, que la pratique seule peut indiquer. C'est pour remplir cette lacune que le présent opuscule a été fait.

DEUXIÈME PARTIE
PENDANT LE SCRUTIN

I

OUVERTURE DU SCRUTIN

1º Fixation de l'heure. — L'heure à laquelle le scrutin doit être ouvert ou fermé et la façon de déterminer cette heure, varient suivant la nature de l'élection à laquelle il doit être procédé.

Pour les élections municipales, l'heure d'ouverture et de fermeture du scrutin, aux termes de l'article 15 de la loi du 5 avril 1884, est fixée par le même arrêté de convocation qui désigne le local. C'est donc au préfet qu'il appartient de préciser à quelles heures le scrutin sera ouvert et fermé, sous la réserve, bien entendu, des prescriptions de l'article 26 de cette même loi, qui exige que le scrutin ne puisse être clôturé qu'après avoir été ouvert pendant six heures au moins.

Pour les élections au conseil général, il faut se reporter à l'article 12, de la loi du 10 août 1871, qui s'exprime de la façon suivante : « Le scrutin est ouvert à sept heures du matin et clos le même jour à six heures. »

Pour les élections au conseil d'arrondissement, il y a lieu d'appliquer la même disposition législative que pour les élections du conseil général. En effet, la loi du 30 juillet 1874, en son article 3, déclare que « sont applicables aux élections du conseil d'arrondissement les articles 5 et 12, de la loi du 10 août 1871. »

Pour les élections de députés, la loi du 30 novembre 1875 s'est bornée à indiquer que le scrutin ne dure qu'un seul jour, sans s'expliquer autrement sur les heures d'ouverture et de fermeture. Cependant, comme aux termes de l'article 5, les opérations du vote doivent avoir lieu conformément aux dispositions des décrets organique et réglementaire du 2 février 1852. Il faut se reporter à l'article 25 du second de ces décrets, qui dit que le scrutin reste ouvert depuis huit heures du matin jusqu'à six heures du soir.

Cette disposition du décret de 1852 peut être modifiée par le préfet du département. En effet, dans les communes où il paraîtra utile d'ouvrir le scrutin avant l'heure fixée, les préfets pourront, après avis des maires, prendre un arrêté pour que le scrutin soit ouvert avant huit heures du matin, soit pendant toute la durée des opérations électorales, soit pendant un jour seulement.

Dans aucun cas, le scrutin ne pourra s'ouvrir avant cinq heures du matin et l'heure de la clôture du scrutin ne pourra être modifiée.

L'arrêté du préfet fixant l'heure de l'ouverture du scrutin devra être publié et affiché dans chaque com-

mune cinq jours au moins avant la réunion des collèges électoraux. (*Décret du 1er mai 1869.*)

De ces diverses dispositions législatives ressort une
double règle :

1º Le scrutin doit être ouvert et fermé aux heures
régulièrement fixées selon les indications ci-dessus
énoncées :

2º Quelle que soit l'heure d'ouverture du scrutin il
doit durer six heures.

De ces deux règles, la seconde seule qui concerne la
durée est de rigueur. Toutes les décisions de la jurisprudence sont unanimes à reconnaître que le fait de
clôturer les opérations de vote, avant qu'il ne soit
écoulé six heures de temps, est une cause de nullité.

Nous citerons notamment les décisions suivantes :
Conseil d'Etat, 23 mai 1861, 2 avril 1849, 5 avril 1868,
23 décembre 1884.

Au contraire, la première règle relative à la fixation
de l'heure est susceptible de recevoir des tempéra-
ments.

Des modifications peuvent être apportées de trois
façons différentes : 1º ou bien un acte administratif
préfectoral ou municipal, peut avant le jour de l'élection indiquer pour l'ouverture et la fermeture du scrutin des heures différentes de celles qui sont fixées
par la loi ; 2º ou bien, les heures étant fixées, des évè-
nements fortuits ou volontaires surviennent qui, au
dernier moment, en empêchent l'observation. Nous
allons examiner séparément ces deux cas :

PREMIER CAS. — Dans les cas où la loi a pris soin de fixer les heures où doivent s'ouvrir et se terminer les opérations électorales, est-il loisible, soit au maire soit au préfet de les changer ?

En ce qui concerne les élections législatives, nous avons déjà vu plus haut qu'un décret du 1er mai 1869, autorise les préfets, sous certaines conditions, à décider que le scrutin pourra être ouvert avant huit heures du matin.

Pour les élections au conseil général et au conseil d'arrondissement, il résulte d'une circulaire du Ministre de l'Intérieur, en date du 22 juillet 1873, qu'il n'est permis ni aux préfets ni aux maires de modifier les heures fixées par la loi.

Quant aux élections municipales, cette difficulté ne saurait se présenter, puisque la loi à laissé aux préfets le soin de déterminer ces heures.

DEUXIÈME CAS. — Mais un autre cas peut se présenter. Les heures d'ouverture et de fermeture ayant été fixées avant l'élection, qu'adviendrait-il si le jour du scrutin, ces heures n'étaient pas observées ? Ici, encore, il faut établir une distinction, suivant qu'il s'agit de la clôture des opérations ou de leur ouverture.

Lorsqu'une heure a été déterminée pour l'ouverture du scrutin, les opérations électorales ne peuvent, à peine de nullité, commencer avant l'heure fixée. Ainsi que nous le verrons plus bas, le législateur a

posé pour la constitution du bureau des règles rigou-
reuses, qui risqueraient fort d'être méconnues, si
un président pouvait impunément devancer à son
gré, l'ouverture des opérations électorales. Tous les
électeurs présents à l'heure fixée pour cette ouverture,
ont le droit de concourir, dans les termes de la loi, à
la formation du bureau et d'en surveiller la compo-
sition. Si cette formation avait lieu avant l'heure, les
garanties de sincérité exigées par la loi feraient
défaut et la nullité des opérations électorales devrait
s'en suivre. (*Conseil d'Etat, 13 mars 1863 et 8 août
1865*).

Mais si le scrutin ne peut jamais être ouvert avant
l'heure, il peut cependant, dans certains cas, être
ouvert après. En pratique, il arrive fréquemment que
certains bureaux ne peuvent se constituer, faute
d'électeurs qui veuillent s'astreindre au rôle d'assesseurs. Dans ce cas, le président ne doit et ne peut
commencer les opérations électorales avant d'avoir
constitué le bureau. Si la journée se passe, sans
qu'il puisse arriver à cette constitution, il devra
constater cette situation en un procès-verbal qu'il
enverra à l'autorité administrative. C'est à la juridic-
tion compétente qu'appartiendra alors le droit de
décider si l'élection doit être maintenue ou annulée.

Dans un cas pareil, il est préférable de ne pas
procéder à l'élection que de recevoir les votes des
électeurs. Ces votes reçus irrégulièrement, pourraient
avoir une influence sur le résultat et le président, dont

les actes n'auraient pu être contrôlés, serait soup-
çonné de partialité.

Toutefois, il ne faut pas perdre de vue que, quelle
que soit l'heure à laquelle les opérations électorales
auront pu commencer, il est de toute rigueur que le
scrutin reste ouvert pendant six heures de temps.

Ce que nous venons de dire pour l'ouverture du
scrutin, peut aussi s'appliquer à la fermeture. Le
scrutin ne saurait être déclaré clos avant l'heure
règlementaire, même si la durée légale de six heures
s'était écoulée. (*Conseil d'Etat, 7 août* 1854, 20 *novembre* 1856.)

Mais si la fermeture ne peut jamais être avancée,
elle peut, dans certains cas et pour des motifs sérieux,
être retardée. Je citerai, par exemple, le cas ou le
bureau n'ayant pu se constituer que très tard, les six
heures de temps exigées par la loi, ne se sont pas
encore écoulées, à l'heure fixée pour la clôture.

En principe donc, la prolongation du scrutin au-
delà du délai légal ne constitue pas par elle-même
une cause de nullité ; mais si des débats il ressortait
que cette prolongation n'a été qu'une manœuvre et
n'a eu pour but que de favoriser une fraude électorale,
l'élection en serait viciée. (*Conseil d'Etat,* 18 *et* 31 *août*
1849.)

Dans tous les cas, si le bureau croit devoir décider
que le scrutin sera prolongé au-delà de l'heure règlementaire, il faut que cette mesure reçoive une publicité suffisante, pour être connue non-seulement des

personnes présentes, mais de tous les électeurs.
(Conseil d'Etat, 8 mai 1885.)

Observation. — Nous ne saurions trop engager
les présidents de bureaux de vote à se rendre avec
exactitude au poste qui leur aura été assigné. Le
moindre retard de leur part peut amener des difficultés et provoquer des protestations. En outre,
ils doivent considérer qu'il n'est pas convenable de
faire attendre les électeurs, dont quelques-uns peuvent être pressés par le temps et privés par suite
d'exercer leurs droits de citoyen.

II

CONSTITUTION DU BUREAU

1° **Président.** — Dès que l'heure fixée pour
l'ouverture du scrutin est arrivée, le président doit
prendre place au bureau. Il doit réclamer le silence
des électeurs présents et inviter ceux qui désirent
faire partie du bureau à lui représenter leurs cartes
d'électeur.

2° **Assesseurs.** — Après avoir pris connaissance
de ces cartes, les avoir vérifiées et s'être assuré de
la date exacte de la naissance de chaque électeur, le
président désigne le deux plus âgés et les deux plus

jeunes et les invite à prendre place au bureau, en qualité d'assesseurs.

Cette fonction n'est nullement obligatoire et si le président ne peut parvenir à constituer le bureau, il ne peut requérir personne.

Il résulte, en effet, d'un arrêt de la Cour de cassation, en date du 7 mai 1887, qu'aucune disposition de loi, ni pour les élections communales ni pour les élections départementales, ne confère au président d'un bureau électoral le droit de réquérir tel ou tel citoyen à l'effet de remplir les fonctions d'assesseur et n'édicte aucune sanction pénale contre ceux qui refusent leur concours.

Les seules conditions que doive réunir tout assesseur, sont indiquées par l'article 19 de la loi du 5 avril 1884. Cet article est ainsi conçu :

Les deux plus âgés et les deux plus jeunes des électeurs présents à l'ouverture de la séance, sachant lire et écrire, remplissent les fonctions d'assesseur.

Il faut donc :

1º Etre présent à l'ouverture de la séance ;

2º Etre électeur dans la commune ;

3º Etre l'un des deux plus âgés ou des deux plus jeunes des électeurs présents ;

4º Savoir lire et écrire.

La qualité de salarié de la commune ou celle de conseiller municipal, pas plus que celle de candidat, n'empêchent ceux qui réunissent les conditions ci-dessus de siéger au bureau en qualité d'assesseurs.

Ainsi le garde-champêtre peut faire partie d'un bureau électoral. (*Conseil d'État, 5 mai 1882.*)

Il en est de même des conseillers municipaux, aucune disposition de loi ne les écartant. (*Conseil d'État, 10 novembre 1882 et 12 novembre 1886.*)

Les parents ou alliés peuvent faire partie du même bureau. (*Conseil d'État, 26 mars 1856, 22 janvier 1863, 11 juillet 1866, 9 janvier 1885.*)

De même aussi pour les agents salariés de la commune (*Conseil d'État, 8 mai 1885.*)

Quant aux candidats, non-seulement ils peuvent faire partie du bureau, mais ils peuvent encore délibérer sur l'attribution des bulletins les concernant. (*Conseil d'État, 22 juillet 1835.*)

Toutefois, il est des cas d'incapacité qui ne sont pas inscrits dans la loi, mais qui n'en constituent pas moins des empêchements à siéger comme assesseur.

Ainsi, c'est avec raison que le président écarterait un électeur en état d'ivresse, quoique celui-ci réunit toutes les conditions énumérées dans l'article **19**. (*Conseil d'État, 7 août 1875.*)

La constitution du bureau ne peut jamais avoir lieu avant l'heure fixée pour l'ouverture du scrutin. Elle doit être faite en public, les portes ouvertes. Si le bureau était déjà installé et constitué à l'ouverture des portes ou avant l'heure règlementaire, le scrutin serait nul. (*Conseil d'État, 26 mars 1850, 24 juillet 1885, 5 septembre 1866.*)

En outre, il faut éviter d'ouvrir le scrutin avant

que le bureau ne soit régulièrement composé. Dans
certaines villes, on se borne à désigner deux assesseurs au lieu de quatre, sauf, à la fin de la journée, à
raccoler deux citoyens de bonne volonté qui consen-
tent à signer le procès-verbal. Cette manière d'agir
est condamnée par la jurisprudence. (*Conseil d'État,*
3 *mai* 1866, 29 *décembre* 1871, 7 *août* 1875.)

Si à l'ouverture du scrutin, le président ne peut
parvenir à constituer le bureau, soit par suite du refus des électeurs, soit à cause de leur absence, il ne
doit ni procéder à la réception du vote, ni lever la
séance. Il devra attendre jusqu'à l'heure fixée pour
la fermeture et si à ce moment personne n'a consenti
à l'assister il devra dresser un procès-verbal consta-
tant la situation et relatant les faits qui ont empêché le
vote d'avoir lieu.

Composer un bureau tardivement n'est pas une
cause de nullité, à moins qu'il ne soit établi que le
retard est imputable à une manœuvre. (*Conseil d'Etat,*
20 *mars* 1885, 28 *mars* 1885.)

Toutes les fois qu'un changement aura été apporté
à l'heure d'ouverture ou de fermeture du scrutin, les
électeurs qui voudront protester devront le faire sur
l'heure et réclamer l'insertion au procès-verbal de
leur protestation.

Il a été, en effet, décidé que les attestations produi-
tes à l'appui d'une protestation pour établir que le
scrutin avait été fermé avant l'heure annoncée, ne
peuvent prévaloir contre les énonciations du procès-

verbal, portant que le scrutin a été fermé à l'heure règlementaire, alors surtout que les électeurs présents n'ont réclamé l'insertion d'aucune protestation au dit procès-verbal. (*Conseil d'État*, 8 *août* 1884.)

3º **Secrétaire.** — En dehors du président et des quatre assesseurs, un bureau électoral comprend encore un secrétaire. Ce secrétaire est désigné par le bureau tout entier et il est pris parmi les électeurs présents. C'est au secrétaire qu'incombent toutes les écritures ; c'est lui qui transcrit les décisions du bureau, qui rédige les procès-verbaux de la séance, etc.

Dans les délibérations du bureau, il n'a que voix consultative.

Le bureau n'étant complet et régulièrement constitué qu'après la désignation du secrétaire, il faut éviter de procéder à la réception du vote avant cette désignation. (*Conseil d'État*, 31 *juillet* 1885.)

4º **Police de l'assemblée.** — La police de l'assemblée appartient exclusivement au président. Son pouvoir est souverain dans la limite, bien entendu, des attributions qui lui sont conférées par la loi. Il est seul juge de l'opportunité des ordres qu'il donne, et ses instructions doivent être exécutées sur l'heure.

Ses pouvoirs de police ne s'appliquent pas seulement à la salle du scrutin, mais ils s'étendent à l'extérieur, aux abords de cette salle.

Il peut interdire les stationnements, soit au-de-

dans, soit au-dehors ; il peut faire expulser des électeurs, faire évacuer la salle ou suspendre la séance.
Il a à sa disposition la force armée pour l'exécution
des ordres qu'il donne.

Toutefois, il ne faudrait pas croire que le président
puisse exercer une pareille autorité d'une façon arbi-
taire. Les électeurs ont le droit de protester, devant
le Conseil de préfecture ou le Conseil d'État, suivant
les cas, contre les actes du président, et s'il est
reconnu que ces actes n'étaient pas justifiés par la
nécessité, l'élection pourrait être annulée. Le président pourrait même encourir des responsabilités
pénales.

Ainsi le maire ne pourrait, sans motifs suffisants,
prescrire aux électeurs de n'entrer dans la salle de
vote que deux par deux. (*Conseil d'État*, 13 *décembre*
1871.) Du reste, toutes les fois que le président prend
des mesures d'ordre, dans la crainte de troubles, il faut
que la surveillance du scrutin par les électeurs soit
assurée. Si la nécessité du moment exigeait que la
salle fut complètement évacuée, il agirait prudemment
en suspendant la séance, jusqu'à ce que le calme se
soit rétabli.

Le bureau électoral peut faire évacuer la salle,
mais seulement lorsque cette mesure est commandée
par la nécessité de maintenir l'ordre. S'il résulte de
l'instruction que cette nécessité n'existait pas, les
élections peuvent être annulées. (*Conseil d'État*, 4
mars 1887.)

Toutefois l'ordre d'évacuer la salle peut être aussi donné pour prévenir des désordres imminents. (*Conseil d'État, 7 mai 1880.*)

Un maire peut sans excéder les pouvoirs qu'il tient de l'article 97, de la loi du 5 avril 1884, prendre un arrêté à l'effet d'interdire le stationnement aux abords de la salle du vote. Et le fait qu'il a rendu un arrêté à cette fin, n'entraîne pas l'annulation des opérations électorales lorsque cette mesure à été prise dans l'intérêt du bon ordre et de la tranquillité publique et n'a eu ni pour but ni pour effet de porter atteinte à la liberté et à la sincérité du scrutin. (28 mars 1885.)

La police des assemblées électorales appartient à celui qui les préside, mais les pouvoirs de celui-ci ne s'exercent que pendant la durée des opérations et sur le lieu du vote. Si donc, des mesures autres que celles qu'il peut prendre, dans les limites restreintes de ses attributions, sont reconnues nécessaires pour assurer matériellement aux électeurs le libre accès des urnes, ces mesures ne peuvent émaner que du maire, comme chargé de la police municipale.

III

RÉCEPTION DU VOTE

1° **Formalités préalables.** — Dès que le bureau est constitué, le président déclare à haute voix que le scrutin est ouvert. Il ouvre l'urne, la renverse pour bien montrer aux électeurs quelle est vide, la referme au moyen des deux cadenas ou serrures dont il a été parlé plus haut, garde une des deux clefs et remet l'autre au plus âgé des assesseurs. C'est alors que commence l'opération du vote.

2° Opération du vote. — Chaque électeur se présente successivement devant le président ; il lui remet d'abord sa carte d'électeur. Le président prend cette carte et indique à haute voix le numéro d'ordre et la première lettre du nom. Celui des assesseurs qui détient la liste d'émargement où se trouve cette lettre, cherche le numéro indiqué et lit toutes les indications contenues sur la liste. Le président vérifie si ces indications sont bien les mêmes que celles portées sur la carte, après quoi, il prend le bulletin de vote, le met dans l'urne et l'assesseur émarge en regard du nom de l'électeur. [Puis le président déchire un des coins de la carte et la remet à l'électeur.

Pour rendre cette explication plus saisissante, je prends un exemple :

Je suppose que la carte d'électeur porte le numéro 29 et qu'elle contienne les indications suivantes :

Dubois (Jean-Augustin), né le 25 janvier 1854, ferblantier.

Le président en prenant la carte des doigts de l'électeur dira simplement ces mots : D. 29.

L'assesseur qui aura la lettre D, se reportera au

numéro 29 et lira à haute voix : *Dubois (Jean-Augustin), né le 25 janvier 1854, ferblantier.*

Cette façon de procéder n'est écrite nulle part dans la loi, qui, du reste, n'en a indiqué aucune, mais elle est mise en pratique dans plusieurs grandes villes et, à mon sens, elle est la meilleure.

Elle constitue un double contrôle : 1º un contrôle pour le président, qui s'assure ainsi que la carte n'est pas falsifiée et que l'électeur qui se présente est bien inscrit ; 2º un contrôle pour les électeurs qui constatent qu'il n'y a pas entente frauduleuse entre le président et les assesseurs.

Nous ne saurions trop recommander aux présidents de bureaux de vote de s'assurer par une inspection rapide de l'électeur qui se présente, que sa personne correspond bien aux indications contenues sur la carte. Il n'est pas rare, en effet, de voir des individus venir voter avec la carte d'un autre.

Ainsi, par exemple, si un individu se présente en blouse et en sabots et que sur sa carte il soit désigné comme officier en retraite ou membre d'une administration publique, le président devra, avant de recevoir son vote, s'assurer de son identité ; au besoin, *il refusera de le laisser voter.*

Il est des électeurs qui se présentent sans carte, soit qu'ils l'aient égarée, soit qu'elle ne leur soit pas parvenue ; doivent-ils être admis à voter ? Incontestablement, s'ils sont inscrits sur la liste électorale. Seulement, si l'électeur qui se présente ainsi, n'est pas connu des membres du bureau, le président a le devoir de s'assurer de son identité. Pour cela, il devra inviter cet électeur à se faire accompagner de deux citoyens qui certifieront cette identité.

Ici se place une observation importante. Dans la pratique, dès qu'un électeur se présente sans carte, le président exige bien qu'il soit accompagné de deux témoins, mais il se contente ordinairement de deux témoins quelconques, des deux premiers venus que l'électeur aura vu passer devant la porte du bureau de vote. C'est là une pratique fâcheuse.

Dès qu'un individu se présente dans ces conditions, le président doit réclamer aux deux témoins leurs cartes d'électeurs pour s'assurer qu'ils jouissent du droit de vote ; puis il leur pose des questions qui établissent que ces témoins connaissent ou ne connaissent pas l'électeur auquel ils viennent servir de parrains.

Il est de toute nécessité que les électeurs qui veulent prendre part au vote, apportent leur bulletin euxmêmes. Ils ne peuvent le remettre à un tiers, des mains duquel le président ne pourrait l'accepter.

3° **Qui peut voter?** — Tous ceux qui sont inscrits sur la liste électorale, doivent être admis à prendre part au vote. Si un individu frappé d'incapacité, par suite de condamnation ou autrement, se présente pour voter, le président n'a pas le droit de le refuser. Il doit simplement lui faire remarquer qu'il se trouve dans un cas d'incapacité et lui représenter qu'il s'expose à être poursuivi correctionnellement. C'est ce qui a été décidé par le Conseil d'Etat dans diverses circonstances et notamment les 7 novembre 1873 et 7 août 1875.

Toutefois, il en serait autrement si cette incapacité avait été notifiée au bureau. A ce sujet, la Cour de Cassation a décidé que les membres d'un bureau qui admettent à voter des électeurs dont ils connaissent l'incapacité électorale, par la notification qui leur en a été faite, commettent le délit d'addition de bulletins électoraux. (*Cassation, 24 mai 1884, 14 juin 1884.*)

Le bureau ne peut refuser le vote d'un individu inscrit sur la liste électorale en se fondant sur ce que cet individu, en vertu d'une double inscription, aurait déjà voté dans une autre commune. (*Conseil d'Etat, 6 février 1885.*)

Par contre, nul ne peut être admis à voter, dit l'article 23 de la loi du 5 avril 1886, s'il n'est inscrit sur la liste électorale.

Une seule dérogation est apportée à cette régle générale. Elle a été établie en faveur des électeurs non inscrits, qui seront porteurs d'une décision du juge de paix ordonnant leur inscription, ou d'un arrêt de la Cour de Cassation annulant un jugement qui aurait prononcé leur radiation.

Une conséquence de cette règle, c'est que la production d'une carte d'électeur régulièrement dressée, ne suffit pas pour être admis à voter. Le président devra refuser le bulletin d'un individu muni d'une carte d'électeur, mais dont le nom n'est pas inscrit sur la liste électorale.

4° **Situation des militaires.** — Dans quelques localités, des difficultés se sont élevées sur le droit des militaires de participer au scrutin. Il n'est donc pas inutile de rappeler, en peu de mots, la règle qu'il faut suivre en pareille matière.

L'article 2 de la loi du 30 novembre 1875, s'exprime en ces termes : *Les militaires et assimilés de tous grades et de toutes armes des armées de terre ou de mer, ne prennent part à aucun vote quand ils sont présents à leur corps, à leur poste ou dans l'exercice de leurs fonctions.*

Ceux qui, au moment de l'élection, se trouvent en résidence libre, en non activité ou en possession d'un congé régulier, peuvent voter dans la commune sur les listes de laquelle ils sont régulièrement inscrits.

Cette dernière disposition s'applique également aux officiers ou assimilés qui sont en disponibilité ou dans le cadre de réserve.

Ainsi, en ce qui concerne les militaires compris dans le premier paragraphe, il ne saurait y avoir de doute. Les difficultés commencent avec le second, mais aujourd'hui la jurisprudence a fixé tous les cas qui peuvent se présenter.

Il résulte des instructions fournies par Monsieur le Ministre de l'Intérieur, que les militaires munis

d'une simple permission ne peuvent voter ; il faut **un**
congé régulier. Les permissionnaires , même d'un
mois, sont considérés comme présents au corps.

Il en est de même des élèves de l'Ecole polytech-
nique.

D'un avis émis par le Conseil d'État, le 17 février
1877, il résulte que les officiers de l'armée territo-
riale qui effectuent un stage volontaire dans un corps
de troupe sont admis à voter.

Les jeunes gens, appelés au service, mais qui se
trouvent encore dans leurs foyers et n'ont pas rejoint
leur corps, au moment d'une élection, peuvent voter.

5° **Observations diverses.** — Les bulletins
doivent être préparés en-dehors de la salle de vote ;
ils doivent être présentés, fermés , au président.
(*Article 25, de la loi du 5 avril* 1884.)

Si donc un électeur se présentait sans bulletin ou
avec un bulletin insuffisamment fermé, le président
devrait l'inviter à sortir de la salle pour réparer
cette irrégularité. A mon avis, le président aurait le
droit de refuser d'admettre au vote un électeur qui
persisterait à vouloir voter à bulletin ouvert. La
disposition de la loi est formelle et le secret du vote
ne peut jamais être violé, même avec le consentement
du votant. Cela est si vrai que, dans une espèce, le
Conseil d'Etat a refusé d'admettre la preuve que
voulaient faire certains électeurs qu'ils avaient voté
pour tel candidat. (*Conseil d'Etat,* 22 *juillet* 1881.)

Le président d'un bureau de vote a seul le droit de prendre le bulletin des doigts de l'électeur et de le mettre dans l'urne. Les assesseurs ne sont admis à le faire que lorsque le président, momentanément absent, les a priés de le remplacer.

Quant à la prétention de certains électeurs de mettre eux-mêmes leurs bulletins dans l'urne, elle est inadmissible.

Le président a le droit incontestable de s'assurer que plusieurs bulletins ne sont pas renfermés ensemble. Il peut, pour cela, entr'ouvrir le bulletin que lui présente l'électeur, sans cependant l'entr'ouvrir au point de pouvoir lire ce qui est écrit à l'intérieur. Il est difficile d'indiquer une règle à ce sujet ; l'exercice de ce droit est laissé à l'appréciation et au tact des présidents. S'ils en abusaient, ils risqueraient de faire annuler l'élection.

6° **Bulletins.** — Tout ce qui concerne les bulletins et leurs conditions de validité, sera exposé dans la troisième partie de cet ouvrage, lorsque nous nous occuperons du dépouillement du scrutin.

7° **Présence des membres du bureau.** — Il n'est pas absolument indispensable que tous les membres du bureau soient présents en même temps et pendant toute la durée des opérations électorales.

Comme le scrutin doit rester ouvert d'une façon continue jusqu'à l'heure fixée pour sa fermeture, il faut bien que le président et les assesseurs puissent s'absenter, soit à l'heure des repas, soit dans le cours de la journée pour prendre quelques instants de repos.

Toutefois, il est nécessaire que trois membres au moins soient présents. Cette condition est exigée par le décret règlementaire du 2 février 1852, article 15, par la loi du 5 avril 1884, article 19. Dans une décision portant la date du 27 mars 1885, le Conseil d'État a admis que le secrétaire pouvait compter au nombre de ces trois membres.

Lorsque le président s'absente il délègue un des assesseurs pour le remplacer : c'est ordinairement le plus âgé. De même, le secrétaire est remplacé par un assesseur qui est ordinairement le plus jeune.

Une fois que le vote est commencé, si un ou plusieurs assesseurs refusaient de siéger, le président devra d'abord les sommer ou les faire sommer de continuer leurs fonctions. S'ils persistent dans leur refus, il pourra désigner des remplaçants parmi les électeurs présents, en ayant soin d'observer les conditions d'âge, comme il est dit page 22.

IV

FERMETURE DU SCRUTIN

1° **Mode de procéder.** — Dès que l'heure fixée pour la clôture du scrutin est arrivée, le président en prévient les personnes présentes, en demandant si personne ne réclame encore le vote. Il doit épuiser la série des personnes qui se trouvaient dans la salle avant que l'heure ne sonnât, mais il doit veiller à ce qu'aucun électeur ne vienne du dehors.

Puis après avoir rempli ces formalités, il déclare que le scrutin est clos et on procède au dépouillement du scrutin, ainsi qu'il sera dit dans notre troisième partie.

2° Détermination exacte de l'heure. — Comment devra s'y prendre le président, pour déterminer exactement l'heure ? La loi est muette, mais voici le conseil que je donne aux maires et qui, seul, est de nature à sauvegarder les droits des électeurs.

Dans les petites localités, le vote a lieu généralement dans une salle de la mairie et dans tous les cas, n'est jamais éloignée du clocher. Là, le maire devra attendre pour clore le scrutin que l'heure ait sonné à l'horloge communale.

Dans les villes plus importantes, où se trouvent plusieurs bureaux de vote, on aura soin, la veille, de régler les pendules qui se trouvent dans les salles de scrutin sur l'horloge de la ville et, par ce moyen, le scrutin sera ouvert et fermé dans tous les bureaux au même instant.

TROISIÈME PARTIE
APRÈS LE SCRUTIN

I

DÉPOUILLEMENT DU SCRUTIN

Aussitôt après la clôture du scrutin, on procède à l'opération du dépouillement, qui doit se faire sans désemparer et en public.

1° Décompte des émargements. — La première chose qu'il y ait à faire, c'est de compter les émargements pour connaître le chiffre exact des votants qui devra correspondre au nombre des bulletins trouvés dans l'urne.

A cet effet, chaque assesseur effectue ce calcul sur la feuille d'émargement qui est en sa possession et il inscrit le total au bas de la dernière colonne. Pour plus de prudence et pour être certain qu'il n'y a pas d'erreur, le président fera bien de se livrer au contrôle suivant : chaque assesseur échangera sa liste contre celle de son voisin et tous referont les calculs.

Si l'un des totaux ainsi trouvés ne concordait pas avec le premier, c'est au président de refaire une troisième fois le compte et de rechercher l'erreur.

Si les divers totaux sont reconnus exacts, on les additionne en un seul résultat qui représente le nombre de votants et le secrétaire l'inscrit sur le procès-verbal.

2° **Décompte des bulletins.** — Une fois le nombre de votants connu par le procédé que nous venons d'indiquer, il est nécessaire de connaître le nombre de bulletins que contient l'urne.

Au moyen de la clef que possède le président et de celle que détient l'assesseur le plus âgé, l'urne est ouverte. Il faut avoir soin d'en renverser complètement le couvercle afin que toutes les personnes présentes puissent bien se rendre compte de ce qui va se passer.

Le président plonge la main dans l'urne et en retire les bulletins, un par un, en les comptant, à haute et intelligible voix, jusqu'à cent.

Dès qu'il est arrivé à cent, il s'arrête et un des assesseurs enferme cette première centaine dans une grande enveloppe que l'on ferme au moyen de cachets de cire. Afin que ces enveloppes ne soient pas subtilisées dans le cours de l'opération, on met sur les cachets de cire le sceau de la mairie ou une empreinte spéciale.

On procède ensuite de même pour la seconde centaine et successivement pour toutes les autres, jusqu'à ce que tous les bulletins trouvés dans l'urne soient épuisés.

Le président doit réunir devant lui les diverses enveloppes contenant les bulletins et les remettre aux scrutateurs, au fur et à mesure que chaque paquet lui revient, ainsi qu'il sera dit ci-dessous.

3º **Scrutateurs**. — Lorsque le nombre des votants n'est pas supérieur au chiffre de trois cents, le bureau peut procéder lui-même au dépouillement des votes, sans qu'il soit nécessaire de désigner des scrutateurs.

Si, au contraire, le nombre des votants dépasse trois cents, le bureau devra désigner un certain nombre de scrutateurs, parmi les électeurs présents, sachant lire et écrire.

C'est le bureau qui fixe le nombre de scrutateurs, suivant la quantité des bulletins trouvés dans l'urne. (*Conseil d'Etat*, 18 *mars* 1876).

Quatre scrutateurs forment une table et lorsque le nombre de bulletins a vérifier est important, il est bon de faire plusieurs tables, une par trois cents bulletins.

Les tables, sur lesquelles opèrent ces scrutateurs, doivent être disposées de telle façon que les électecteurs puissent circuler autour. (*Article* 29 *du décret de* 1852).

Dès que tous les groupes sont installés, le président leur distribue des feuilles de pointage et remet à chacun un paquet de cent bulletins.

Sur les quatre scrutateurs qui forment une table,

deux sont occupés à pointer les voix, un lit les bulletins, en les sortant un par un de l'enveloppe, et le quatrième recueille ces bulletins après leur lecture.

Les bulletins doivent être lus à haute et intelligible voix, et les pointeurs inscrivent sur leurs feuilles, chaque nom de candidat en marquant un point en regard, chaque fois que ces noms sont proclamés.

Pour éviter des erreurs, faciles dans des opérations de cette nature, nous engageons les pointeurs à énoncer à haute voix, chaque dizaine de points, de sorte que si à un moment donné, ils ne sont pas d'accord, la vérification sera facile, puisqu'on n'aura à reprendre la lecture que des dix derniers bulletins.

Toutes les fois qu'un désaccord grave se produit entre les scrutateurs, il faut en saisir immédiatement le bureau qui tranchera la difficulté. Si l'erreur porte sur le calcul, le bureau n'aura qu'à rétablir les chiffres ; si le désaccord porte sur un bulletin, le bureau devra en outre décider que ce bulletin sera annexé au procès-verbal.

Dans le cas ou deux listes de pointage portent des résultats différents, il faut autant que possible reprendre la lecture des bulletins de vote; mais si cette vérification devait être trop longue, et si une des feuilles n'a pas été tenue régulièrement et contient des erreurs matérielles, il n'est pas nécessaire de recourir à un nouveau comptage. Dans ce cas, le bureau peut décider qu'il ne sera pas tenu compte de la feuille irrégulière. (*Conseil d'Etat*, 6 *mars* 1885.)

Dès qu'un paquet de cent est épuisé, on le rend au président qui en fait parvenir un second et ainsi de suite.

4° **Bulletins**. — Quels bulletins sont valables ou non ? Il est difficile de prévoir et d'énumérer tous les cas. Nous allons successivement passer en revue, tous ceux qui ont été visés par loi ou par la jurisprudence.

Les bulletins portant plus ou moins de noms qu'il y a de candidats à élire, sont valables. On se borne, dans ce cas, à ne pas compter les derniers noms inscrits au-delà de ce nombre. (*Article* 28 *de la loi du* 5 *avril* 1884.)

Les bulletins blancs ou illisibles, ceux qui ne contiennent pas une désignation suffisante ou dans lesquels les votants se font connaître, n'entrent pas en compte dans le résultat du dépouillement, mais ils sont annexés au procès-verbal. (*Même article de la loi.*)

Des bulletins donnant à un candidat un prénom autre que celui qui lui appartient légalement, mais sous lequel il est généralement connu, doivent être comptés comme suffrages exprimés en faveur de ce candidat.

Dans le cas où un électeur aurait déposé dans l'urne deux bulletins pliés ensemble et contenant chacun plusieurs noms dont l'ensemble est égal à celui des candidats à élire, il ne peut être tenu compte de ces deux bulletins, comme constituant un suffrage, en faveur de chacun des candidats qui y sont portés. (*Conseil d'État*, 13 *mai* 1887.)

Les bulletins, dits gommés, sont valables et doivent entrer en compte dans le calcul des votes.

Lorsque les bulletins gommés sur lesquels existent des ratures et dont le nombre est assez considérable pour influer sur le résultat de l'élection sont restés, après le scrutin, à la disposition du maire dans des circonstances de nature à inspirer des soupcons, les opérations électorales sont nulles. (*Conseil d'État*, 5 *août* 1887.)

Aucune disposition de loi n'a prévu le cas où deux ou plusieurs bulletins seraient trouvés pliés ensemble, mais la jurisprudence à tranché la question.

Lorsque tous les bulletins portent le même nom, ils sont comptés pour une voix ; l'intention de l'élec-teur est alors évidente et l'erreur, volontaire ou non, ne peut donner lieu à aucune fraude (*Conseil d'État*, 18 *novembre* 1881). Si les bulletins portent des noms différents, ils ne sont attribués à aucun des candidats, le bureau étant dans l'impossibilité de savoir quelle a été l'intention de l'électeur. (*Conseil d'État*, 17 *février* 1882, 24 *mars* 1882.)

Si le nom d'un candidat est reproduit sur tous les bulletins, tandis que les autres noms sont variables, il ne faut attribuer une voix qu'à celui des candidats, dont le nom est inscrit sur tous les bulletins (*Conseil d'État*, 18 *juin* 1875.)

Bien qu'un ancien conseiller municipal ne soit pas le seul candidat de son nom aux élections municipales, il y a lieu de lui compter des bulletins portant son nom, sans indication de prénom, lorsque ce nom figure au milieu d'une liste composée d'anciens conseillers municipaux. (*Conseil d'État*, 22 *mai* 1885.)

Si dans un dépouillement, accompli sous le contrôle d'un grand nombre d'électeurs, le bureau a mis de côté un certain nombre de bulletins imprimés, après s'être assuré qu'ils portaient tous les mêmes noms, et qu'il a ensuite attribué ces bulletins aux candidats dont ils portaient les noms, au lieu de les lire intégralement, cette irrégularité n'a ni pour but ni pour effet de porter atteinte à la sincérité du dépouillement. (*Conseil d'État*, 27 *février* 1885.)

Le fait que des bulletins renferment des mentions injurieuses pour certains électeurs, n'est pas de nature à empêcher que les bulletins soient attribués aux candidats dont ils portent les noms (*Conseil d'État*, 1er *mai* 1885.)

Doivent être comptés aux candidats dont ils portent les noms, des bulletins sur papier blanc et ne portant aucun signe extérieur, bien que la finesse du papier et la disposition typographique soient telles qu'aucun changement ne pourrait être apporté aux noms imprimés, sans que cette substitution soit connue des membres du bureau. (*Conseil d'État*, 13 *mars* 1885.)

Un bulletin sur lequel un autre bulletin a été collé est valable. (*Conseil d'Etat*, 3 *juillet* 1885 *et* 3 *décem-*

bre 1880), sauf dans le cas où la manière dont les bulletins ont été recouverts partiellement a constitué une manœuvre de nature à tromper les électeurs. (11 *février* 1881.)

5° Procès-verbal. — Lorsque le dépouillement est terminé, le bureau recueille toutes des feuilles de pointage et le secrétaire rédige alors le procès-verbal, en remplissant toutes les mentions qui y sont indiquées.

Il n'y a rien de particulier a apprendre aux maires sur les procès-verbaux, ce sont toujours des feuilles imprimées que les présidents de bureau de vote n'auront qu'à remplir aveuglement.

Il nous suffira d'indiquer que les protestations insérées dans les procès-verbaux ou jointes à ces procès-verbaux, doivent être signées par les protestataires. Il ne suffirait pas quelles fussent signées par les membres du bureau. *(Conseil d'Etat, 24 juillet 1885.)* Ce même arrêt a décidé qu'il n'y a pas lieu de tenir compte d'une protestation anonyme insérée au procès-verbal.

6° Majorité. — Dès que le procès-verbal est rédigé, on proclame les résultats tels qu'ils sont constatés dans ce procès-verbal.

La majorité requise pour être élu, se compose au premier tour de scrutin :

1° De la moitié plus un des suffrages exprimés ;

2° Cette moitié plus un, représentant le quart des électeurs inscrits.

Il ne rentre pas dans notre cadre de nous étendre plus longuement sur ces questions. Le président du bureau de vote est arrivé à la rédaction du procès-verbal, c'est-à-dire à la fin de ses fonctions ; nous avons guidé ses pas jusque-là, notre tâche est terminée.

Bornons-nous à ajouter que le bureau doit proclamer les résultats tels qu'ils sont. Il ne peut se faire juge des questions de capacité électorale ou d'incompatibilité. Ainsi, il doit proclamer un candidat qui a la majorité, quoiqu'il soit inéligible. C'est au Conseil de Préfecture ou au Conseil d'Etat, suivant les cas, qu'appartient le droit de statuer.

7° Incinération des bulletins. — Après la proclamation du résultat, les bulletins doivent être brûlés, sauf ceux qui doivent être joints au procès-verbal.

TABLEAU des incapacités édictées par le décret organique du 2 février 1852 sur les élections des députés et les lois.

NOMENCLATURE PAR ORDRE ALPHABÉTIQUE des crimes, délits et autres causes entraînant l'incapacité.	Nature et Durée DES PEINES emportant l'exclusion de la liste électorale.	DURÉE DE l'exclusion	ARTICLES du décret organique qui prononcent l'exclusion
Abus de confiance. (C. P., art. 406 à 409.)	Emprison., quelle qu'en soit la durée	Perpétuelle	Art. 15, § 5.
Arbre abattu, sachant qu'il appartient à autrui. (C. P., art. 445.)	Emprisonn. de 3 mois au moins	Idem.	Art. 15. § 10
Arbre mutilé, coupé ou écorcé de manière à le faire périr, sachant qu'il appartient à autrui. C. P., art. 446.)	Idem.	Idem.	Idem.
Attaque publique contre la liberté des cultes, le principe de la propriété et les droits de la famille. (L. 11 août 1848, art. 3.)	Quelle que soit la peine.	Idem.	Art. 15, § 6.
Attroupements (Délits prévus par la loi sur les). [L. 10 avril 1831 et 7 juin 1848.]	Emprisonnement de plus d'un mois.	L'exclusion dure 5 ans à dater de l'expiration de la peine.	Art. 16.
Boissons falsifiées contenant des mixtions nuisibles à la santé (Vente et débit de) [C. P., art. 318.]	Emprisonnement de 3 mois	Perpétuelle	Art. 15, § 4.
Clubs (Délits prévus par la loi sur les). [V. *Sociétés secrètes.*]	»	»	»
Colportage d'écrits (Infractions à la loi sur le). [L. 27 juillet 1849.]	Emprisonnement de plus d'un mois.	L'exclusion dure 5 ans à dater de l'expiration de la peine.	Art. 16.
Crimes suivis d'une condamnation à des peines	Quelle que soit la durée de la peine.	Perpétuelle	Art. 15 § 1.

3

NOMENCLATURE PAR ORDRE ALPHABÉTIQUE des crimes, délits et autres causes entraînant l'incapacité.	Nature et Durée DES PEINES emportant l'exclusion de la liste électorale.	DURÉE DE l'exclusion	ARTICLES du décret organique qui prononcent l'exclusion
afflictives et infamantes (travaux forcés, déportation, détention et réclusion), ou à des peines infamantes seulement (bannissement, dégradation civique). [C. P., art. 7 et 8.]			
Crimes suivis d'une condamnation à l'emprisonnement correctionnel en vertu de l'art. 463 du Code pénal.	Quelle que soit la durée de la peine.	Perpétuelle	Art. 15, § 3.
Deniers publics soustraits par les dépositaires auxquels ils étaient confiés. (C. P., art. 169 à 171.)	Emprisonnement, quelle qu'en soit la durée.	Idem.	Art. 15, § 5.
Destruction de registres, minutes, actes originaux de l'autorité publique, titres, billets, lettres de change, effets de commerce ou de banque, contenant ou opérant obligation, disposition ou décharge. (C P., art. 439.)	Emprisonnem. de 3 mois au moins.	Idem.	Art. 15, § 10
ÉLECTIONS *Bulletin* ajouté, soustrait ou altéré par les personnes chargées, dans un scrutin, de recevoir, compter ou dépouiller les bulletins contenant les suffrages des citoyens.	Emprisonnem. de plus de 3 mois.	Idem.	Art. 15, §7; art. 35.
Lecture de noms autres que ceux inscrits.	Idem.	Idem.	Idem.
Inscription sur le bulletin d'autrui de noms	Idem.	Idem.	Art. 15, §7; art. 36.

NOMENCLATURE PAR ORDRE ALPHABÉTIQUE des crimes, délits et autres causes entraînant l'incapacité.	Nature et Durée DES PEINES emportant l'exclusion de la liste électorale.	DURÉE DE l'exclusion	ARTICLE du décret organique qui prononcent l'exclusion
ÉLECTIONS (suite) autres que ceux qu'on était chargé d'y inscrire.			
Collège électoral. (Irruption dans un collège électoral, consommée ou tentée avec violence, en vue d'empêcher un choix.)	Emprisonnement de plus de 3 mois.	Perpétuelle	Art. 15, § 7; art. 42.
Liste électorale. (Inscription obtenue sous de faux noms ou de fausses qualités, ou en dissimulant une incapacité prévue par la loi	Idem.	Idem.	Art. 15, § 7; art. 31.
Liste électorale. (Inscription réclamée et obtenue sur deux ou plusieurs listes.)	Idem.	Idem	Art. 15 § 7 ; art. 31
Opérations électorales retardées ou empêchées au moyen de voies de fait ou de menaces par des électeurs. — Bureau outragé dans son ensemble ou dans l'un de ses membres par des électeurs pendant la réunion. — Scrutin violé.	Idem.	Idem.	Art. 15, § 7 ; art. 45.
Opérations électorales troublées par attroupements, clameurs ou démonstrations menaçantes. — Atteinte portée à l'exercice du droit électoral ou à la liberté du vote.	Idem.	Idem.	Art. 15 § 7 ; art. 41.

NOMENCLATURE PAR ORDRE ALPHABÉTIQUE des cause, délits et autres causes entrainant l'incapacité	Nature et Durée DES PEINES emportant l'exclusion de la liste électorale	DURÉE DE l'exclusion	ARTICLES du décret organique qui prononcent l'exclusion
Suffrages. Deniers ou valeurs quelconques donnés, promis ou reçus, sous la condition soit de donner ou de procurer un suffrage, soit de s'abstenir de voter — Offre ou promesse faite ou acceptée, sous les mêmes conditions, d'emplois publics ou privés.	Emprisonnement de plus de 3 mois.	Perpétuelle	Art. 15, § 7 art. 38.
Suffrages influencés, soit par voies de fait, violences ou menaces contre un électeur, soit en lui faisant craindre de perdre son emploi ou d'exposer à un dommage sa personne, sa famille ou sa fortune.—Abstention de voter déterminée par les mêmes moyens.	Idem.	Idem.	Art. 15, § 7; art. 39.
Suffrages surpris ou détournés à l'aide de fausses nouvelles, bruits calomnieux ou autres manœuvres frauduleuses. — Abstention de voter déterminés par les mêmes moyens.	Idem.	Idem.	Art. 15, § 7; art. 40.
Urne contenant les suffrages émis et non encore dépouillés. (Enlèvement de l')	Idem.	Idem.	Art. 15, §7; art. 46.

ÉLECTIONS *(suite)*

NOMENCLATURE PAR ORDRE ALPHABÉTIQUE des crimes, délits et autres causes entrainant l'incapacité	Nature et Durée DES PEINES emportant l'exclusion de la liste électorale	DURÉE DE l'exclusion	ARTICLES du décret organique qui prononcent l'exclusion
Vote en vertu d'une inscription obtenue sous de faux noms ou de fausses qualités, ou en dissimulant une incapacité, ou en prenant faussement les noms et qualités d'un électeur inscrit.	Emprisonnem. de plus de 3 mois.	Perpétuelle	Art. 15, § 7 ; art. 33.
Vote multiple à l'aide d'une inscription multiple.	Idem.	Idem.	Art. 15, § 7. art. 34.
Empoisonnement de chevaux ou autres bêtes de voiture, de monture ou de charge, de bestiaux à cornes, de moutons, chèvres ou porcs, ou de poissons dans des étangs, viviers ou réservoirs. (C. P., art. 452.)	Emprisonnement de 3 mois	Idem.	Art. 15, § 10.
Escroquerie (C. P., art. 405.)	Emprisonn. quelle qu'en soit la durée	Idem.	Art. 15, § 5.
Faillite déclarée soit par les tribunaux français, sois par jugement rendu à l'étranger, mais excutoire en France. (C. com. art. 437 et suiv.)	*	L'exclusion cesse après la réhabilitation.	Art. 15. § 17.
Falsification de substances ou denrées alimentaires ou médicamenteuses destinées à être vendues. — Vente ou mise en vente de ces denrées, sachant qu'elles sont falsifiées ou corrompues. (L. 27 mars 1851 et 5 mai 1855, art. 1er.	Emprisonnement qu'elle qu'en soit la durée	Perpetuelle	Art. 15, § 14.

ÉLECTIONS (*suite*)

NOMENCLATURE PAR ORDRE ALPHABÉTIQUE des crimes, délits et autres causes entraînant l'incapacité	Nature et Durée DES PEINES emportant l'exclusion de la liste électorale.	DURÉE DE l'exclusion	ARTICLES du décret organique qui prononcent l'exclusion
Greffe détruite. (C. P., art. 441.)	Emprisonnem. de 3 mois au moins.	Perpétuelle	Art. 15. § 10.
Interdiction civile pour causes d'imbécilité, de démence ou de fureur. (C. civ., art. 489 et suivants.)	»	L'exclusion cesse à la levée judiciaire de l'interdiction. (C. civ.. art. 512)	Art. 15, § 16.
Interdiction correctionnelle du droit de vote et d'élection. (C. P., art. 42, 86. 89, 91, 123; art. 6 de la loi du 23 janvier 1873 sur l'ivresse.)	»	La durée de l'exclus. est fixée par le jugement et court à dater de l'expirat. de la peine.	Art. 15, § 2.
Ivresse, délit prévu par la loi du 23 janvier 1873, art. 3.	»	L'exclusion dure 2 ans à compter du jour où la condamnat. est devenue irrévocable.	»
Jeux de hasard (Maisons de) [C. P., art. 410.)	Quelle que soit la peine	Perpétuelle	Art. 15, § 11.
Marchandises ou matières servant à la fabrication gâtées volontairement. (C. P., art. 443.)	Emprisonnem. de 3 mois au moins	Idem.	Art. 15, § 10.
Mendicité. (C. P , art. 274 à 279.)	Quelle que soit la peine.	Idem.	Art. 1er, § 9.
Militaires condamnés au boulet et aux travaux publics.	Quelle que soit la durée de la peine.	Idem.	Art. 15, § 12.
Mœurs (Attentats aux). [C. P.. art 330 et 334.]	Emprisonn. quelle qu'en soit la durée	Idem.	Art. 15. § 5.
Officiers ministériels (a—	»	Idem.	Idem.

NOMENCLATURE PAR ORDRE ALPHABÉTIQUE des crimes, délits et autres causes entraînant l'incapacité.	Nature et Durée DES PEINES emportant l'exclusion de la liste électorale	DUREE DE l'exclusion	ARTICLES du décret organique qui prononcent l'exclusion
voués, huissiers, greffiers, notaires) destitués en vertu de jugements ou de décisions judiciaires.			
Outrage public à la morale publique et religieuse et aux bonnes mœurs. (L. 17 mai 1819, art. 8.)	Quelle que soit la peine.	Perpétuelle	Art. 15, § 6.
Outrage public envers un juré à raison de ses fonctions ou envers un témoin à raison de ses dépositions. (L. 25 mars 1822, art. 6)	Emprisonnement de plus d'un mois.	L'exclusion dure 5 ans à dater de l'expiration de la peine.	Art. 16.
Outrages et violences envers les dépositaires de l'autorité ou de la force publique. (C. P., art. 222 à 230)	Idem.	Idem.	Idem.
Prêts sur gage ou nantissement (Maisons de) établies ou tenues sans autorisation légale. — Registre non tenu. (C P. art. 411	Quelle que soit la peine	Perpétuelle	Art. 15, § 11
Rébellion envers les dépositaires de l'autorité ou de la force publique. (C. P., art. 209 à 231.)	Emprisonnem. de plus d'un mois.	L'exclusion dure 5 ans à dater de l'expiration de la peine.	Art. 16.
Récoltes (Dévastation de). (C. P., art. 444.)	Emprisonnement de 3 mois au moins	Perpétuelle	Art. 15, § 10
Recrutement. Jeunes gens omis sur les tableaux de recensement par suite de fraudes ou de manœuvres. (L. 21 mars 1832, art. 38 et 27 juill. 1872, art. 60.)	Emprisonnement quelle qu'en soit la durée.	Idem.	Art. 15, § 13.

NOMENCLATURE PAR ORDRE ALPHABÉTIQUE des crimes, délits et autres causes entrainant l'incapacité	Nature et durée DES PEINES comportant l'exclusion de la liste électorale	DURÉE de l'exclusion	ARTICLES du décret organique qui prononcent l'exclusion
Recrutement. Jeunes gens appelés à faire partie du contingent de leur classe, qui se sont rendus impropres au service militaire, soit temporairement, soit d'une manière permanente, dans le but de se soustraire aux obligations imposées par la loi. — Complicité. (L. 21 mars 1832, art. 41, et 27 juillet 1872, art. 63.)	Emprisonnement quelle qu'en soit la durée.	Perpétuelle	Art. 15, § 18
Recrutement. Substitution ou remplacement effectués, soit en contravention à la loi, soit au moyen de pièces fausses ou de manœuvres frauduleuse. — Complicité (L. 21 mars 1832, art. 43.	Idem.	Idem.	Idem.
Recrutement. Médecins, chirurgiens ou officiers de santé qui, déjà désignés pour assister au conseil de révision ou dans la prévision de cette désignation, ont reçu des dons ou agréé des promesses pour être favorables aux jeunes gens qu'ils doivent examiner, ou qui ont reçu des dons pour une réforme justement prononcée. (L. 21 mars 1832, art. 45, et 27 juillet 1872, art. 66).	Idem.	Idem.	Idem.

NOMENCLATURE PAR ORDRE ALPHABÉTIQUE les crimes, délits et autres causes entraînant l'incapacité	Nature et Durée DES PEINES emportant l'exclusion de la liste électorale	DUREE de l'exclusion	ARTICLES du décret organique qui prononcent l'exclusion
Service militaire à l'étranger pris par un Français majeur sans autorisation du Gouvernement. (C. civ., art. 21.)	*	L'exclusion dure jusqu'à ce que la qualité de Français ait été recouvrée.	Art. 12.
Sociétés secrètes. (D. 28 juill. 1848, art. 13).	Emprisonnement de plus d'un mois	L'exclusion dure 5 ans à dater de l'expiration de la peine.	Art. 16.
Tromperie sur le titre des matières d'or ou d'argent; sur la qualité d'une pierre fausse vendue pour fine ; sur la nature de toutes marchandises. (C. P.., art. 423.)	Emprisonnement de 3 mois.	Perpétuelle	Art. 15, § 4.
Tromperie par le vendeur ou l'acheteur sur la quantité des choses livrées, par l'usage de faux poids ou de fausses mesures ou d'instruments inexacts , ou par des manœuvres et des inditions frauleuses relatives au pesage ou au mesurage; tentative de ces délits (L. 27 mars 1851, art. 1.)	Emprisonnement quelle qu'en soit la durée.	Idem.	Art. 15, § 14
Usure (L. 3 septembre 1807 et 19 décembre 1850.)	Quelle que soit la peine.	Idem.	Art. 15, § 15
Vagabondage (C. P., art 269 à 271).	Idem.	Idem.	Art. 15, § 9.
Vol. (C. P., art. 379, 388 et 401.)	Emprisonn. quelle qu'en soit la durée	Idem.	Art. 15, § 5.

III. — RÉCEPTION DU VOTE

IV. — FERMETURE DU SCRUTIN

Troisième Partie. — Après le scrutin

I. — DÉPOUILLEMENT DU SCRUTIN

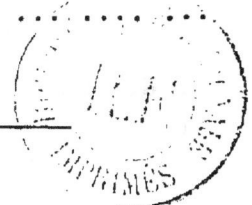

Imprimerie CALVET, place Colombette, 2, Toulous

TABLE DES MATIÈRES

www.ingramcontent.com/pod-product-compliance
Lightning Source LLC
Chambersburg PA
CBHW072015290326
41934CB00009BA/2084